U0043501

畫說
小學生性教育

遠流出版公司

The Kids Cartoon For Sex Education
by MBC Production., Ltd. and The Naeil Women's Center For The Youth
Original Copyright © 2000 by MBC Production., Ltd. and The Naeil Women's
Center For The Youth
All rights reserved

Original Korean edition published by Suktop Publishing Co.
Chinese Translation Copyright © 2004 by Yuan-Liou Publishing Co., Ltd.
The Chinese language edition published by arrangement with Suktop
Publishing Co. through Lee Jeong Kyo.

畫說小學生性教育

企劃／MBC Production ／明日女性中心
譯者／李貞嬌
主編／曾淑正
責任編輯／洪淑暖

發行人／王榮文
出版發行／遠流出版事業股份有限公司
地址：台北市 100 南昌路二段 81 號 6 樓
電話：（02）2392-6899　傳真：（02）2392-6658
劃撥：0189456-1
著作權顧問／蕭雄淋律師
排版印刷／鴻柏印刷事業股份有限公司
□ 2004 年 2 月 1 日 初版一刷
□ 2020 年 6 月 16 日 二版三刷
售價：新台幣 280 元

若有缺頁破損，請寄回更換
有著作權・侵害必究 Printed in Taiwan
ISBN 978-957-32-7327-1
YL— 遠流博識網 http://www.ylib.com E-mail: ylib@ylib.com

畫說小學生性教育

MBC Production・明日女性中心 企劃
李貞嬌 譯

性：一種溫暖、珍貴的愛

國立陽明大學公衛所教授

周碧瑟

　　「孩子是怎麼來的？」這是小朋友最好奇，父母最難回答的問題。性教育是衛生教育當中最重要的環節，不同年齡層有不同的性教育教材之需求，遠流出版公司針對青少年出版了《揮別青澀　健康成長》的性教育手冊。如今，以兒童為對象，出版《畫說小學生性教育》，用漫畫故事來介紹男女的性知識，以日常生活中常會遇到的問題為例，不只傳遞性知識，也帶出應有的性態度，以培養出正確的性觀念。

　　性教育雖然重要，卻難啟齒，對兒童的性教育更難。當今資訊發達，孩子們接受多方資訊來源，尤其是網路、媒體上的色情氾濫，若不及早給予兒童正確的性知識、性觀念，缺乏免疫將易受其害。

　　本書從男女生理結構上的差異談起，分別介紹了男女青春期的生理變化：男生的變聲、遺精、勃起以及女生的月經與身材的改變。繼而提到男女青春期行為與情感的變化，受到性荷爾蒙的影響，兩性之間互相吸引，互相關心。但青春期的苦惱也悄然而至，否定、傷感、叛逆、開始尋找自我。書中不只點出問題，還附有尋求協助的方法，為兒童指點迷津。

　　〈色情物品〉章節中提到日常生活中常見的色情廣告、書刊或影片，這是一般兒童對性好奇想看的，但看後的結果，心靈也會生病的，這個比喻甚好。無疑是對孩子打了一劑預防針，書中並鼓勵孩子若發現

這種物品，勇於告發。

〈生命的性〉介紹受精的過程，受精卵的形成，同卵雙胞胎、異卵雙胞胎以及抽菸、喝酒、環境污染對於精子的影響，尤其是孕婦抽菸對胎兒的影響更大。從胎兒的成長和胎教的重要性，導出為人父母者更應保持快樂的心情，為孩子著想。接著介紹分娩的過程以及流產和墮胎，何謂墮胎，為何要墮胎，墮胎有什麼害處，歸結到：性關係是要和你真愛的人，在能對生命負責的時候，才能進行的。

在〈性騷擾〉的章節中，提出各種可能發生性騷擾的場合與情境，並教導對策，使孩子能有所警覺而事先預防，萬一不幸遇到，如何面對與求助。

最後兩章節中，提到男女扮演的角色，在過去「重男輕女」以及「男主外、女主內」的傳統生活中，已逐漸在改變，隱含兩性平權的概念，以及對異性的尊重。

性是一種奇妙和珍貴的東西，如果在不懂的情況下碰到性的問題，性可能會讓小朋友們大吃一驚，但只要正確瞭解它，就會感覺到：性，其實是一種非常溫暖，非常珍貴的愛，由於這種愛，創造出了生命，所以性是很珍貴的。

本書的主角是小學三年級的學生，可見是針對十歲左右的小朋友設計的性教育教材，小朋友的讀物以漫畫故事較能接受，其實書中的內容，青少年也適用，尤其是對父母的幫助更大，與其讓家中的小朋友自覓黃色書刊、影片，還不如以本書作為孩子性教育的教材，培養正確的性觀念，身心健全發展，將一生受用無窮。

適合小學生閱讀的性教育讀本

李貞嬌

　　二十一世紀已經到來，有關「性」的議題在韓國整個社會掀起一陣熱潮。

　　這種熱潮緣於MBC廣播電視台製作的「我們美妙的性」專欄節目，其主講人俱聖愛老師曾長期開辦婦女中心，並進行社會救助活動。正是從那時開始，從不曾被搬到檯面上來的「性」，在韓國這個極度保守的社會中被推到了明處。而俱聖愛老師用她坦率大方的演講和風趣的談吐，吸引了眾多觀眾，到今天她已是一位無人不知、無人不曉的大明星，令許多藝人望塵莫及。

　　這個節目的迴響非常巨大，以至當時幾乎所有人，都以各自的性價值觀為根據，展開了一場舌戰。但是，所有人都一致認同「性」問題已經不再是個人問題，而是一個社會問題，並且應該從小培養孩子們健康的性價值觀。概括來說，就是人們越是將性暗中包裝、隱藏起來，就越會刺激那些未成年孩子的好奇心，從而引起更大的社會問題，因此早期正確的性教育至關重要。

　　在圖書市場，為孩子所寫的性教育書籍並不少，但卻難覓到一本與東方社會現實相契合的教材。最常見的情況是，引進西方思維方式所作的書籍，但卻過於開放，脫離了東方人的民族性，使得父母和老師難以向孩子們推薦。相反的，學校課本所作的性教育教材，或是因為寫作角度極其保守而喪失了閱讀價值，或是讀來索然無味而成為對讀者耐心的

考驗。因此，出版一本符合東方兒童心理、具有趣味性的性教育讀本便成了當務之急。韓國MBC廣播電視台正是在此背景下，以俱聖愛老師的性教育講座為基礎，和明日婦女中心共同出版了漫畫形式的兒童性教育教材，並在每年開學時列為必讀圖書之一推薦給孩子們。

　　之所以決心在大陸和台灣兩岸翻譯推廣這本書，一來是因為兩地在兒童性教育問題方面與韓國息息相通，二來是因為兩地圖書市場至今還未出現既符合兒童水準又具趣味性的該類讀本。

　　無論如何，我都衷心希望能透過這本教材使兩岸的孩子們拋棄對於「性」的偏見，樹立起正確的性價值觀，認識美妙的性。

目　錄

登場人物

丁好奇（小學三年級）

朋友們，大家好！我想知道的東西實在太多了，所以連名字都叫好奇。

我自然是這個漫畫的主角了，哈哈……

我的腦子都被對新鮮事的好奇心塞滿了。

但……自從喜歡上希珍以後就開始對性感到好奇了。

啊！搞不清楚，搞不懂……性是什麼呢？

好奇的父母

大家好——

我們有一個機靈鬼兒子。嘿嘿～

那就是好奇了。因為他隨時隨地都會問一些稀奇古怪的問題，時常讓我們措手不及，吃盡了苦頭。但只有讓他完全瞭解性，我們的兒子以後才能做一個一流的新郎倌，不是嗎？哎呀，一流的新娘子在哪兒呢？

我呀我呀！！！

靠邊吧，你……

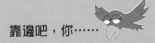

梅常識（好奇和希珍的同班同學）

夥伴們，大家好？嘿嘿～我的名字叫常識。

我是一個對性有著完美常識的博士中的博士。

雖然讀完這本書以後，可能會有人批評我是個彆腳博士，但比起你們來，我出生時在這方面就有與眾不同的天賦了。

嘿嘿嘿……

什麼？沒有必要有那種彆腳的天賦？？？！！！

羅希珍（小學三年級）

朋友們，大家好！我也是主角呀。
我叫希珍。為什麼叫希珍？
嘻嘻……我太漂亮了，都成了我的缺點了。
可是這麼漂亮的我最近也有很多煩心事。
為什麼最近我的身體總是有變化呢？
不過，有俱聖愛阿姨在，應該沒什麼可擔心的，
對吧？
阿姨！不管問什麼妳都要告訴我呦！

（小學一年級　希珍的妹妹）羅貴珍

崇拜我吧，我是聰慧無比的羅貴珍。我喜歡讀書。
學習？當然沒問題！不過最近我挺累的。
姊姊對性實在是太無知了，我只好一一告訴她～
哎呦，真要命呀。這樣的日子要到什麼時候呀……

希珍的父母

小朋友們，你們好！
我們是希珍和貴珍的爸爸媽媽。
我們的孩子向我們問太多關於性的問題，該怎麼回答她們呢？
哇，真是要瘋掉了！！！
特別是她們的爺爺來的時候，我們就更為難了。
為什麼？看了這個漫畫你就都知道了。我們活的多辛苦啊！
呵呵……

另外的朋友

丸子　　大柱　　小皮　　美莉　美娜

妳是我的！！

男孩和女孩都應瞭解的性知識

三年三班

撐住小胳膊來！！

嗨呀～

翻過來！！
翻過來！！

嗨呀～

嗯～

嘰嘰喳喳

老師來了

親愛的～
嘻嘻

新學年
三年級
班導師

同學們好！

上課不專心
小皮
常識
好奇

老師好！

丁好奇！～

希珍當然
也不是小皮的，

每個人都是一個珍貴的生命，都是一個獨立的人，說是誰的誰的之類的話，也就是把人當成東西來看了，所以，大家以後可不許再說這樣的話了！

以後不許再有那樣的想法！
知道了嗎！！

以下是透過生活中的小事情來糾正錯誤觀點的性教育！
那麼，一起去看看吧？

第1章 青春期的性

① 成為啞巴的大柱 —— 變聲期

呀！大柱呀
你昨天有看
機器人卡通嗎？

大柱呀……
你哪兒不
舒服？

你沒看到卡
通不高興
嗎？

……

脖子？
脖子不舒服？
為什麼……

……

讓我看一下
嗯……污垢都堆
成一個大包了。

你趕緊
洗洗脖子吧，
大柱，
醫生應該也會
被你嚇著的。

先用繃帶
把脖子
遮起來吧！

嗯…

課堂上　語 文

第二課

韓大柱，
讀一下課本第33頁。

繃帶

‥‥

大柱，
你怎麼了？

老師，
大柱變成啞巴了。

咯咯～～～

繃帶

安靜！
嘲笑同學的學生
是壞學生。

大柱，
你哪兒不舒服？

‥‥‥

大柱

嗯…大柱
生病了，
那……

嘭

好奇來
讀一下！

咦！

下課後 辦公室

大柱呀，
你哪兒不舒服？

OK

實際上……
是我聲音
變得有些奇怪。

大柱呀，
你現在已經算是大人了！
呵呵……

辦公室

？

大柱呀，
那不是生病！

不是，是大
柱的脖子太
厚了。

是因為不
說話
才那樣！

大柱的聲音發生變化是青春
期的變聲現象導致的。

哦…

哎呀！

媽呀！

呵…

那些傢伙在
偷聽什麼！

吁…我連這都不知道……
對不起了，老師！

呵呵，沒關係！
變聲不是什麼
丟臉的事情。

好！！老師，
從明天開始就讓我一個人
讀課文好了！哈哈！

我也…要…老師…

呵呵呵

咳咳

哈哈哈

剛剛出生的女孩和男孩除了生殖
器不同之外幾乎沒有什麼大的區
別。
但到青春期之後，女孩和男孩的
區別就開始變得越來越明顯。
女孩的胸部會隆起，腰部變細，
身材呈曲線形；男孩肩膀會變
寬，肌肉形成。

除了身體之外，
還有嗓音也會變得像大人一樣。
特別是男孩，
聲音會從清脆的童聲變成沙啞的聲音，
然後再變成低沉的粗聲。
女孩的嗓音雖然也會有些變化，
但變化並不像男孩那樣大。
嗓音發生這種變化的時期叫做變聲期。

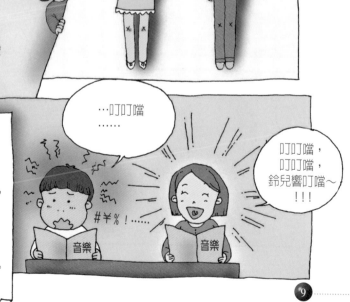

…叮叮噹
……

叮叮噹，
叮叮噹，
鈴兒響叮噹～
！！！

#￥%！……

音樂

音樂

② 啊！沾著血的衛生紙!?

──月經

媽媽，我很急，快點啦！

哎呀，知道了知道了，我這就出去。

怎麼那麼急！

吁～好了，差點出大事。

咦？這是什麼？

我？…蟲

垃圾筒

啊！
是血！！

衛生紙上怎麼會
有血呢？
是媽媽哪兒受傷
了……？

嗯……
還是流鼻血了？

啊，對了！！
昨天媽媽說
肚子疼……

應該不會有什麼
事情吧？

妳這個孩子……
幹什麼呀……

媽媽！！
不要做了，
休息一會兒吧！

您不要騙我了……
嗚嗚…

誰說我騙妳了？
希珍
妳不是盼著媽媽
生病吧？

不是！！那兒……
廁所裡有血……
沾著血的衛生紙……

哈哈

哎呦！
沒想到
我們希珍
這麼愛
媽媽呀！

？？？？
嗯？……

希珍啊！
媽媽是來月經了，
女孩長大以後啊，
每個月都要出一次血，
那叫月經。

月經？？？
沒有生病
怎麼會出血呢？
血是從哪兒
出來的？

月經不是生病才有的，
實際上，
只有那樣才能成為
一個健康的媽媽。

健康的媽媽？
哇～我要是也快
點來月經就好了！

欣慰

當然…當然…
來月經沒什麼
好害怕的，
也沒什麼丟臉的。

啊，出血了！！

嗯…來月經了。
恭喜妳。
來月經表示著妳已經
準備好做媽媽了。

到青春期之後的女孩大約每個月都會排一個成熟的卵子出來等待精子的到來。
在卵子排出來之前，子宮裡面會生長出一些薄薄的膜，
血管交織在一起，子宮壁變厚……
妳就把它想像成是為了幫助受精卵安全地附著在上面而準備好的鬆軟的被子就可以了。
如果卵子和精子沒有相遇，
血液和子宮內的薄膜等本來是為創造新生命作準備的
胎兒的被子和床就會被排出體外，這叫做月經。
有些人偶爾看見經血中摻著一些血塊，
就以為是得了什麼絕症而難過，
月經是女人體內作為胎兒種子的卵子和胎床等一起脫落排出體外而形成的，
所以與鼻血不一樣，裡面會摻有一些血塊。
如果有人誤以為這些血塊是什麼病，請妳告訴她，
這是很正常的，一點也不必擔心。

那是很自然的事情，
不必擔心。在月經期間，
由於荷爾蒙分泌的變化，
有些人會感覺心理上
也會有一些變化。所以有時候
會無緣無故地憂鬱，
無緣無故地發脾氣，
雖然很少見，但據說也有人會
因此去偷別人的東西。

俱聖愛阿姨！
來月經的話心情會變怪！

對月經現象不要有什麼低落情緒，要以肯定和積極的心態來度過月經期。與其安靜地坐在那兒，還不如多運動一下，能更快地把月經血排出來，也更能有效地減少經痛。

雖然每個人都有所不同，但大體都是每月一次出血，所以叫做月經；月經每月一次在體內問我們「妳準備好生孩子了嗎？」

月經是從什麼時候開始的呢？

第一次月經叫做初潮，一般在10歲至16歲之間初潮才會開始，由於現代孩子初潮的時間越來越早，現在小學五、六年級大部分都已經開始有月經了，但每個人都會有所不同，有的9歲就開始了，有的直到過了18歲才開始。一旦開始月經的話，一般每過28天或30天就會有一次，周期性地持續下去，這叫做月經周期。

月經周期剛開始時也許會6個月一次，或者1年才有一次，很不規律，但慢慢地會變得越來越規律。大部分人在白帶出現之後，短則2～3個月，長則2～3年後就會開始來月經，有些人在小時候也會稍微有一些白帶出現。不要擔心，等著就可以了。

來月經時，為了減輕月經的氣味，最好常換衛生棉。用過之後的衛生棉應該用它的包裝袋或其他紙包好之後扔進垃圾筒中。還有，在這時盆浴或游泳會有感染細菌的危險，要用淋浴來保持清潔，最好每天都用溫暖的水洗一下生殖器。但不能用香皂。

啊！還有…

③ 藏內褲的好奇

—— 遺精

早晨

嘰嘰

嘰嘰

好奇房間

哦…好像有點奇怪!?

啊～哈～睡得真香。

喔！這是什麼？

尿床了……？

哦，不是尿……

怎麼辦呢？……

好奇吃飯了～！

這個孩子……
好奇！

嗖

垃圾筒

你這個臭小子，
現在都幾點了……
好奇啊！
快起床，
吃了飯上學去！

喔

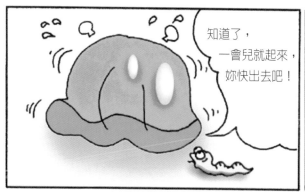

知道了，
一會兒就起來，
妳快出去吧！

哎？

喔

東張西望

嗯
我在這兒～！

到了青春期，
男孩子們就開始做成為大人的準備了。
男同學不是有個叫蛋蛋的東西嗎！

它的真名就
是睪丸……
睪丸！！

這個睪丸是產生在受精時起重要作用的精子的地方，所以有人也把睪丸叫做精子生產工廠。

就這樣，在睪丸裡，時候到了就會生產精子出來……
有時候精子充滿了整個睪丸，
就會流出來。

男孩子往往都有這樣的經歷，就是睡覺的時候，在自己都不知道的情況下，就像尿尿一樣精液就把內褲給弄濕了。
就是睪丸中裝滿的精子再也無法忍受狹小的睪丸而流了出來，那就叫做「遺精」。

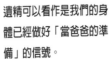 這是很自然的現象～！

啊～～～～！！！

遺精可以看作是我們的身體已經做好「當爸爸的準備」的信號。
所以，遺精是告訴大家，你們現在已經是在可以創造新生命的準備階段了，它具有十分重要的意義。

④ 啊！褲子裡的棒棒糖！?

——勃起

好奇家的客廳

哈哈…

呵呵…

哦…

嘿嘿
……=3 =3 =3
嘿嘿
啊！

咻 ~noc~

怎麼會
這樣！

咻

哎？

撲

好奇褲子前邊藏著棒棒糖，想自己一個人吃，就跑到房間裡不出來了……

是啊，是啊

什麼？！！

哈哈哈哈

呀

越想越

生氣

希珍呀！
那不是棒棒糖，
是好奇珍貴的寶貝，
叫陰莖。

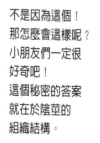

陰莖？

男孩子的陰莖怎麼會變得那麼堅硬呢？
是因為裡面有骨頭嗎？

啊，是俱聖愛老師！！

不是因為這個！
那怎麼會這樣呢？
小朋友們一定很好奇吧！
這個秘密的答案就在於陰莖的組織結構。

嘩嘩～

海綿體

男孩子的陰莖是海綿體構成的，你可以設想它和海綿很相似就可以了。

平常軟綿綿的海綿一旦吸收了水，就會變得沉甸甸的，同樣，在憋尿時，或撓抓陰莖時，以及精子要出來時，陰莖裡的血管就會充血，陰莖就變得又大又硬。

沉甸甸～

還有一點！！
陰莖充血的方向可能是右邊，也可能是左邊，所以有些人為自己的陰莖偏向一邊而苦惱是不必要的，這都是很正常的現象。

原來如此啊～

嘿嘿…
男孩子們
真奇怪……

好像變形
金剛一樣
……

哈哈哈
不是的，
勃起是
身體很自然
的一種
反應。

真有意思，
喂！變形金剛，
出來！

我，現在
沒有棒棒
糖了！

好奇的房間

偷偷看～

第2章 行為和情感的變化

轟隆隆

① 希珍，我愛妳!! ── 愛的情感

好奇的家

哇！
咱們好奇
個子
又長高了
哈哈……

幾天前
已經開始遺精了，
咱們好奇
已經是大人了？

爸爸，那我現在已經
是大人
了吧？

哼哼！

咚咿
吧嗒

光身體長大就成
大人了啊？
心也要跟著
長大才行啊！
你這小子！

好奇，你～～～

放學後 操場

呵呵

嘰嘰 喳喳

希珍啊，我來替妳拿書包。

嗯？

哎呀，不錯嘛，我的你也替我拿吧…呵呵……

嗯～這個嘛～

……

咦？

不願意？～什麼嘛！你只想替希珍拿書包……哼！

義氣就是我的生命！！

哈哈！原來你喜歡希珍啊！

不害羞～

不害臊～

好奇和希珍～

唔…不是……
我再買一個
髮夾可以
嗎？

髮夾？

嗯！

為什麼？
要買來給希珍？

上學路上

到希珍出門
的時間了
……

禁止小便

嘻〜

101-102

我走了！！

小心
車子！

希珍啊！
一起走吧…

好奇？
好吧！

嘩嘩嘩

希珍，
你看看我啊！

是新衣服啊

幹嘛
呀？

要遲到了，
快點走！！

舊的
髮夾

要不要說呢？

好奇，你把髮夾
給希珍了嗎？

這…這個…實際上…
那樣一來就沒給成。
是我做錯了嗎？

呵呵呵。是嗎？
看來好奇真的
快變成
大人了。
呵呵…
你這小子……

哎？媽媽不是說我只是像大人一樣高，
可是還是個孩子樣嗎？

現在看來不是了！
連喜歡的女朋友都有了，
到了青春期，男孩對女孩，
女孩對男孩會互相關心，
變得想在對方面前表現好一些
只要你親切、坦誠地去對待希珍，
希珍喜歡我們家好奇是早晚的事。

嗨嗨…
真的
嗎？

吧嗒～

不管怎麼樣，
你總不能連牙都不刷
就到處亂竄啊……嗯？！

哎呦～

呼哧…

對異性的關心

到了青春期，
女孩對男孩，男孩對女孩
都會彼此關心。
這是隨著身體發育得跟
大人一樣成熟，性荷
爾蒙充分分泌而出現的
一種自然現象。

在此之前一直只是以朋友關係交往的異性朋友，某一
天突然有了另一種感覺：看到漂亮的女孩、帥氣的男
孩就會心生動搖。所以也開始希望自己能看起來更漂
亮、更帥氣。

女孩們主要傾向於幻想純情漫畫或浪漫小說
中所描繪的那種童話般的愛情，而男孩們則
對性行為有著越來越濃厚的好奇心。

② 小純的情書──青春期

小純的家

您好！

希珍，是妳啊！
真是好久沒看見妳了。

鞠躬

是啊……我們希珍
長高了很多
啊！

您上次見
她時，這孩子
還包著尿布
吧？呵呵…

你們的孩子哪兒去了？怎麼沒看見。

哎呦…最近因為我那兩
個孩子，我可是
操心死了。

為什麼？
孩子們怎麼樣？

這個嘛……小純回家
之後就知道和
朋友們打電話。

大雄就整天縮在自己的房間裡
不出來……

修練中

不管我說什麼都會惹他們生氣。

哎呀，看來孩子們是到
青春期了，所以才
這樣的吧！

青春期

？

？

第二天

在哪兒呢？

禁止亂寫亂畫

嗯？

咚咚

這是什麼？這不是信嘛！
會不會是喜歡我的
男同學……？

怎麼，
怎麼了
？

唰

候

小純的班級

大家注意了，看這個，我今天收到情書了！

看～

哪兒呢
看一下～

哇～
哇～真的嗎？

是誰呀？
誰！
信裡說
什麼了？

嗯，還沒看呢，
想和妳們一起看，
嘻嘻
……

妳們沒有收
到過這種
東西吧？

怎麼會……！

愛妳的媽媽

怎麼了？都寫些什麼？

說很愛我！

什麼？！哪兒呢，我看看…

情書可不是給別人看的。

那是誰寫給妳的？

嗯～是最瞭解我的人，我媽媽…

切～這哪是什麼情書啊？

小純的家

我放學回來了！

嗯，小純回來了？

媽媽，嘻嘻嘻。謝謝您。
是您生了我，還把我撫養成人，
還有，媽媽的信寫得真好，
就像以前寫給爸爸
的情書一樣，嘻嘻…

收到媽媽的信，
我真高興！

小純啊，從現在開始，
妳和媽媽互相
寫信怎麼樣？
不好說出來的問題
就用寫的！
怎麼樣？

到了青春期本來就會產生很多苦惱的，
媽媽知道小純想一個人呆著，想交一個男朋友，
因為媽媽也曾經那樣過啊！
媽媽拜託妳一件事情怎麼樣？
要是小純以後有什麼苦惱，就跟媽媽說，可以嗎？
媽媽也想和小純成為朋友
知道了嗎？我的漂亮女兒！

青春期的苦惱

到了青春期，苦惱就會變多，那是一個尋找自我的過程。

以後該怎麼
活呢？

神是什麼，
對於爸爸媽
媽來說，我
又是什麼
呢？

該睡覺了嗎？
我討厭起床

為什麼要吃飯
呢？真討厭去
廁所……

我為什麼
會出生
呢？

1加1為什麼
非要等於2呢？

一定要上大
學嗎？……

雖然青春期苦惱的事情很多，有時候還會有些
吃力，但這是誰都得經歷的一個過程，在度過
這一時期的同時也就又成熟了一分，所以勇敢
地面對它吧。

還有，不要總是一個
人苦惱，如果能獲得
大人們的幫助，就能
更輕鬆地度過青春期
這一關。

第3章　色情物品

① 常識的好奇心

花花公子

成人雜誌

麥片

150

XX週刊 S小姐
私生活 完全公開

叔叔
給你錢……

哦？

嗯！～

已經結完帳了！

…？

汗

呆呆地…

你這小子閃
什麼神呢
……

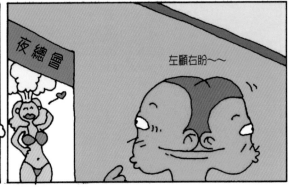

看這樣的假照片會變成壞學生的。

您說是**假的**？
那兒的女人，是真的！

老師，成年女人的身體怎麼那麼凹凸不平啊！

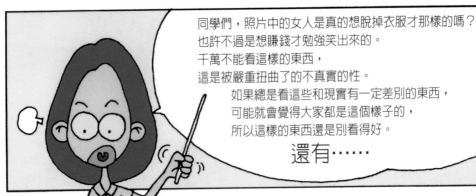

同學們，照片中的女人是真的想脫掉衣服才那樣的嗎？
也許不過是想賺錢才勉強笑出來的。
千萬不能看這樣的東西，
這是被嚴重扭曲了的不真實的性。
如果總是看這些和現實有一定差別的東西，
可能就會覺得大家都是這個樣子的，
所以這樣的東西還是別看得好。

還有……

如果看見**這樣的**非法廣告，
應該立即到附近的派出所
向警察叔叔報案。

報案？？

報案？

是的！
製造這些東西的人
應該進監獄！

心靈也會生病！

色情物品是一部分不務正業的成年人為了賺錢而製造的東西。
就像吃了不好的食物會肚子疼進醫院一樣，如果出於好奇心總是看這些色情物品，心靈也會生病的。

色情

在真的到了非常嚴重的地步之前，是無法知道心靈到底病成什麼樣的。知道了嗎？
我們大家都要小心色情物品！！

②好奇光明正大的告密

放學路上

小皮,
我的腿真有那麼
短嗎?

喂～
你們
過來過來!

咯吱咯吱

小傢伙們!

幹什麼?

哥哥給你們看一個很有
意思的東西,
怎麼樣?

什麼有意思的
東西?

嗯,是非常
有趣的錄影帶。

由於我們到了青春期之後就開始有月經或遺精現象了，所以對性的好奇心也就越來越強烈。於是，在你的周圍就會有一些朋友通過一些道聽途說的東西來對你進行性教育。

那個就是～～～
這樣…那樣……

自以為是

真的嗎？～～

未成年人用　　　成人用

對那些總是拿一些假的東西唬人，以為自己是什麼專家的同學，老師想強調的是，性是私人之間的事情，所以它不是用來表演給人看的。

仔細想一下，把這些東西區分為成人用的理由是什麼呢？

還不就是因為那是真的成人之後才能看的東西嗎？

哇

嘿嘿嘿

對於還沒有做好結婚準備的大家來說，還有一個你們無法瞭解的成人的世界。工作，賺錢，生孩子，把孩子撫養得健健康康、漂漂亮亮所感受到的那種快樂等，對於為人父母的大人們來說，這才是真正的生活。

但是，在黃色影片中，這些生活都沒有被表現出來，而只是有一些刺激的場面，大家很容易產生錯覺。

還有，由於那些東西是一部分不務正業的成年人為了賺錢而製造出來的，所以雖然畫面中拍攝的演員們脫了衣服進行性行為的場面是真的，但和實際的生活還是不一樣的。

色情光碟中總是重複一些相同的畫面，對吧？因為它是為了賺錢才被製造出來的，為了能使看的人興奮，它從來不關心實際的生活是怎樣的，而只是想著怎麼才能賣得多，怎樣才能有誘惑力，所以才會是這個樣子。

在那裡面，
愛的情感或者生育、
撫養孩子等珍貴的生活
都沒有被反映出來。

在那裡面表演的演員們完全是按照導演的指揮去做的。看了這些之後，如果錯誤地以為這就是爸爸媽媽之間的愛情，那就大錯特錯了。

如果只是出於好奇心，倒也可以看一下，雖然看了之後也會有興奮的感覺，但在看的同時一定要告訴自己「那是假的，是為了賺錢的，真是的～真夠辛苦的」，那種麻酥酥的感覺是不是很快就消失了？

希望大家不要為假的東西所迷惑，做一個清醒的人。

③ 希珍是個口是心非的丫頭？

放學路上

哦喳　哦喳

希珍！！一塊吃這個吧！

零食

……

謝謝你了～

哇！～～真好吃
丸子，妳也來嘗嘗…

哦喳哦喳喳

喜嘻～

哦喳　哦喳

哎…本來只想給
希珍吃的……

好想和希珍關係
更親密一些
啊……

希珍跟我說話的時候
為什麼不親切
一點呢？

嗯，
這小子
怎麼又這
副模樣了？

常識的家

常識！～

誰啊？

常識啊，我覺得
好鬱悶喔！

鬱悶什麼？

我啊，很喜歡希珍，可是希珍好像
對我一點都不關心。

噗，哈哈哈…
就因為這個？

我來幫你搞定，
你快點進來…

招呼~

常識家的客廳

感覺好嗎？

嗯，
好極了！

就這個方法吧……！！

我有一個堂哥說，女孩嘴裡說不喜歡，其實不過是口是心非罷了！

真的嗎？
……

當然了！！我那個堂哥看過很多色情光碟，他最知道了。

她肯定也會喜歡你這樣的

謝謝！！！

猛地抓住

哦～？

你幹嘛抓我的手？

哎，你也口是心非吧～

哎～

倏…

放學路上 活動區

哎呦！你有什麼就說……快點說急死我了！

哦…我說……希珍妳能不能……閉上一會兒眼睛？別裝了～

喂！你在說什麼啊……

忍一下！忍住好了！我知道了……

④歡快的歌曲 !! 奇怪的KTV ??

歌曲1……1004
歌曲2……1005
歌曲3……1006
歌曲4……1007

月亮代表我的心……

哇！妳唱得太棒了！！

希珍，妳也來唱一首吧！

我也來唱一首？

當然！！有希珍拿手的歌曲吧？

劈哩啪啦，呼嚕嗶啦，鉛筆找不到……

嗨嗨，我會唱！

蹬

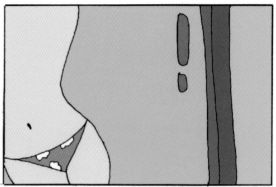

劈哩啪啦，呼嚕嘩啦，
鉛筆找不到……
嗚嗎嗎，呼哈哈……

劈哩啪啦……
媽媽，那些阿姨
怎麼那個樣子啊？
穿了衣服跟沒穿一樣！！

嗨

嘿嘿～～

爸爸，看不見了，看不見歌詞我怎麼唱啊……

嗯～ KTV 怎麼能放這種伴唱帶呢！

我去問問老闆這是怎麼回事！

哎呀，我們還是回家算了，走吧！

我們走吧，希珍！

本月新曲

不要，我還想唱歌…

本月新曲

劈哩啪啦呼嚕……

嗯，希珍繼續唱，爸爸出去一會兒就回來。

希珍，我們去別的地方唱吧，快點……

切～

什麼，告！！！

告！！

對……
當然要告！

要是整天讓我們的孩子看這些色情的東西，怎麼能不學壞呢！！

警察──！

颼颼~

嗶嗶嗶~

咦~

第4章　生命的性

① 2億對1的出生秘密，把謎底揭開吧！

── 受精過程

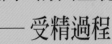

好奇的房間

"咚！咚！"

咦～～

好奇在做作業嗎？

怎麼，作業很難嗎？

是啊，老師也真是的⋯⋯
連受驚都不會寫⋯⋯

媽媽，您知道
受精是什麼意
思嗎？

受精？？？

媽媽，受驚這個詞我知道什麼意思，
老師還留作業讓我們去瞭解一下，更好
玩的是，她好像還把
「驚」字寫錯了，嘿嘿！

嗯…
受精

今天的作業 (5.27)
第27頁數學練習題
瞭解一下受精

哎呀～
丁好奇！～

受精！

是啊，
明明是受驚嘛，
怎麼又冒出來個受精。

精……？

受驚
↓
受精

受驚和受精到底
什麼關係啊？

嘭！

幹嘛打我啊！

聲音太小了，大聲點！

上課的時候不要打瞌睡！

上課時間不要打瞌睡！！！

「受精過程

嘩啪啪

姨試找

阿姨不是告訴好奇了嗎，上課的時候打瞌睡是不可以的。
受精和嬰兒的出生有著很密切的關係。

你們一定很想知道，大人是怎樣生出可愛的寶寶的吧！

那我們來看一下大家是怎樣出生的吧？
媽媽和爸爸相愛之後，發生性關係，
一種叫做精子的很小的胎兒種子就從爸爸的
體內流進了媽媽的體內。
這叫做「射精」。

鑽進媽媽體內的精子數量達幾十億個。這和在地球上生活的總人口數差不多，是不是很嚇人呀？

很多的精子努力地游泳，
游過媽媽體內一個叫做陰道的地方之後，精子和卵子才能相遇，這叫做「受精」。

怎麼樣，小朋友們！
還是覺得有些難嗎？

那從現在開始，大家聽阿姨給你們講一個故事，
更詳細的瞭解一下人的受精過程吧？

那也沒辦法,這兒除了一個人之外,其他的全都得淘汰。

這怎麼可以,真是豈有此理!

是啊,是啊

豈有此理?這兒就有此理啊。這個世界就是這麼殘酷。

嗯

所以,我平常就努力鍛練,保持健康!

夥伴們,不用擔心!人生並不是由分數來決定的。

不,雖然不是由分數來決定的,也還是應該盡最大努力嘛!

怎麼辦呢?我想回去了,我沒有自信。

啊,大家安靜!為了給大家引路,現在我向大家介紹派來的教官。

教官

大家好！

嘭！

現在，為了能順利使卵子受精，我向大家介紹幾條守則和去見卵子的路線……

教官，想要見卵子小姐的話需要做什麼呢？

只告訴我一個人吧……

只有平常身體健康，性格好，學習認真，為人勤快的，最好的精子才可以去見卵子…

唔

那我不行啊！

好了，大家安靜了！請看一下路線圖。

大家現在就要進入被稱為陰道的地方了！

哎呦～真可怕～！

但是，如果到了那兒，會下非常可怕的酸雨。

酸雨？!!

酸雨？!!

是啊，遇到酸雨會有
70%的精子死亡。

那剩下的呢？

嘰喳！嘰喳!!

剩下的30%
會暈倒。

教官

嘰喳嘰喳～　怎麼辦呢？

悄悄溜走

所以，大家要齊心
協力，互相保護
才是！

嗯？

去哪兒呀！

不要害怕，害怕是沒有用的。大家鼓起勇氣來！

怎樣才能活下來呢？

不去不去，我回去了

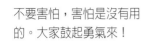

嗯…只有團結才能活下來。大家要齊心協力，抱成一團才可以。

好了，通過陰道之後就要朝子宮這個目標前進了。

準備好了嗎？

子宮是卵子與精子相會共建家園的地方，所以務必要佔領。

希望大家能成為幸運的精子，完畢!

啊～還有一件事！！偶爾會有些精子到了子宮之後反而迷路了，大家要小心～

注意!

上次走丟的那個精子就長得和你差不多，不管怎麼說，多注意一些！！

好……那麼，大家抱成一團，向子宮進軍吧！我的話說完了！

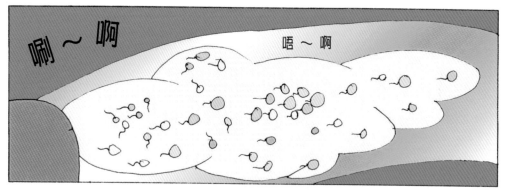

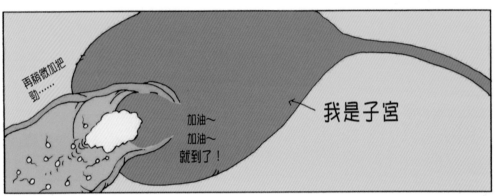

好了，大家打起精神來，下面就是最後的防線輸卵管了。

輸卵管在兩側各有一條路，卵子就在其中的一條裡等著你們。

卵子

但並不是總有卵子等在那兒，一個月之中只有一次受精的機會。

教官

所以，滿懷期望地來到了這兒，卻由於沒有卵子而默默死去的精子是很多的。

鬧哄哄～

那今天呢？

鬧 哄 哄

去看看不就知道了！

教官

啊…不過，也不用太擔心，我估計今天卵子會出來等著的！

噢！好想見到卵子小姐呀！

但，卵子只能等一天的時間，如果沒有精子來的話，她就會消失，所以大家要再加把勁！

怎麼還不快來啊？

看來今天應該是這邊……

來捉我啊～～～～

卵子每個月都只有一次到輸卵管中，這個月是在右邊的輸卵管裡。
有一些比較傻的精子容易搞錯位置而朝相反方向衝去……所以，請大家注意了！

嗯…現在卵子小姐就在我們的面前了！

我是書呆子精子

在通過輸卵管的時候，因為撞到牆壁上，或者誤認為對方是卵子小姐而導致精子撞精子死亡的事情也是有的，小心了！

噯

歡迎歡迎！

衝啊～～

在哪兒呢？

不對！

可能在右邊

哦？!

在哪邊呢……？

左邊　右邊

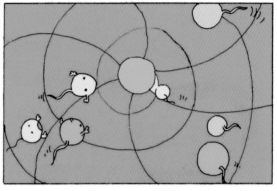

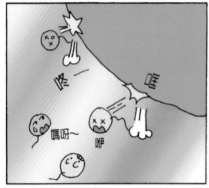

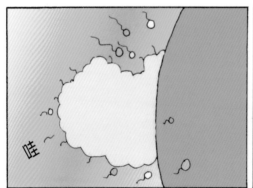

用力呀！
生命是
最珍
貴的。

大家一起進！

我是強健
有力的精
子

很多精子兄
弟死去了，
我們才來到
了這兒…

為了創造一個生命，
我們大家齊心協力，
絕不能放棄……

哇

哇

啊

呀

呀

嗯～

呼呼呼—！

要好好
讀書～

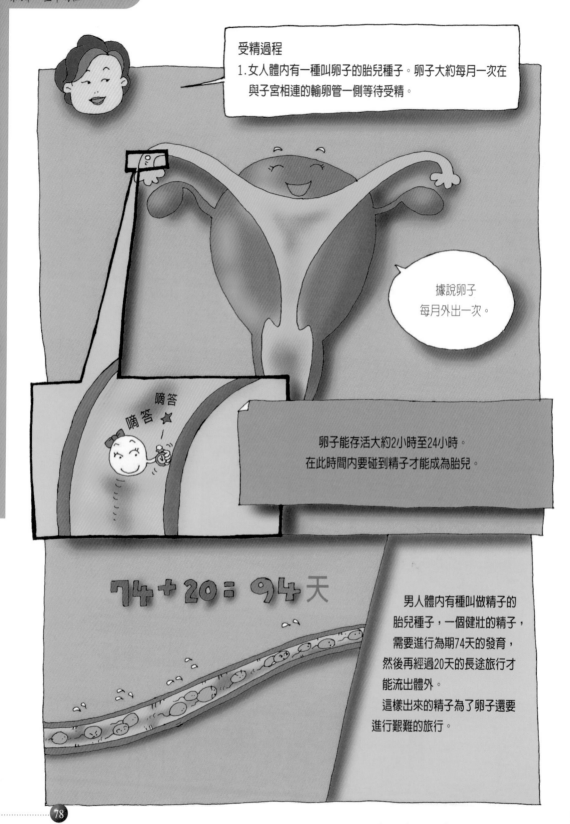

受精過程

1. 女人體內有一種叫卵子的胎兒種子。卵子大約每月一次在與子宮相連的輸卵管一側等待受精。

據說卵子
每月外出一次。

嘀答
嘀答 ★

卵子能存活大約2小時至24小時。
在此時間內要碰到精子才能成為胎兒。

74 + 20 = 94 天

男人體內有種叫做精子的胎兒種子，一個健壯的精子，需要進行為期74天的發育，然後再經過20天的長途旅行才能流出體外。
這樣出來的精子為了卵子還要進行艱難的旅行。

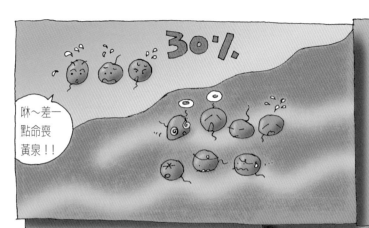

咻～差一點命喪黃泉！！

2.女人的陰道內壁會分泌極強的酸性物質，精子因此而大量死亡。只有30%左右的精子可以活下來到達子宮內部；而在這兒，還會有很多精子誤入沒有卵子的輸卵管一側，或把子宮壁誤認成卵子而把頭撞碎了，或者就是精子們互相把對方誤認成是卵子。

呵呵呵
哎呀，太癢了～～

如此歷經艱險到達卵子所在地方的精子們會用頭上的溶解劑去融化卵子壁。用頭鑽累了就休息一會兒，這樣等卵子壁開了一個小洞之後，精子的頭部就會鑽進去，之後卵子壁就會關閉，尾巴也就褪掉了。

精子和卵子這樣相遇的話就會變成胎兒。這叫做受精，但並不是說它一開始就是胎兒的模樣。

受精卵是褪掉尾巴的精子和卵子相遇後形成的一個圓球形狀的東西，它咕嚕嚕滾出輸卵管後就停留在子宮內壁上，這個過程叫做著床。

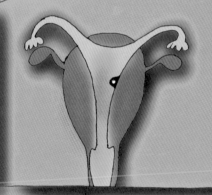

受精　2週　3週　4週　5週　6週　8週　9週

停留在子宮內壁上的受精卵經歷一個細胞分裂過程之後，變成蝌蚪的形狀，繼而長出手和腿之後就變成人的樣子了。

③ 雙胞胎進行曲
　── 有一些是相同的

哈哈哈
所以嘛？……
嘰喳嘰喳
妳知道嗎～

喂！
美莉……

希珍，是妳朋友嗎？

嗯！認識一下吧，這是好奇，她呢，是前不久剛搬來的美莉！

你好！

美莉的媽媽和我媽媽就像姊妹一樣親密。

所以我們兩個也就做朋友了！

啊！原來是這樣…

美莉，很高興認識妳！

嗨嗨～

嘛嘛嘛

他怎麼了？

對了，美莉妳妹妹美娜現在還是那麼調皮嗎？

啊！

怎…
怎麼會
呢？

哦？怎麼回事？
美莉明明剛走過去……
怎麼又來一個
美莉……

啊！真的呀！
難道是鬼
？？……

到底是怎麼
回事？

咿咿咿…
笨蛋，還呆在這兒幹嘛！
趕緊回家呀……
要不然會被鬼抓走的…

鬼…
有鬼呀……！

啊！救救好奇我吧！！

噗通

第二天

哈哈哈，
你說美莉是鬼……

是真的……

真的，我看見了
兩個美莉……

其中有一個樣子
好可怕……

哈哈哈……
那不是美莉，
是美娜吧？

美娜？！！

是啊，你這個笨蛋，美莉是雙
胞胎，所以有一個長得一
模一樣的妹妹美娜。

哦～真奇怪……

聽說美娜是個有名的調皮
鬼……看來你是上當了…
…哈！哈！哈！

哈哈……

今 典 小 學

如果是異卵雙胞胎的話，就算是雙胞胎，他們的樣子也不一樣……

嗯…

異卵雙胞胎沒意思！！連鬼遊戲都沒法玩…

哦…為什麼會有雙胞胎呢？

還有，為什麼異卵雙胞胎長得就不一樣呢？

啊！俱聖愛阿姨

是找我嗎？？！！

當不是一個精子和一個卵子相遇的時候，就會產生雙胞胎。如果是二個卵子和二個精子分別相遇，雖然也是雙胞胎，但長得卻不一樣，性別也有可能不一樣。

那長得一樣、性別也相同的雙胞胎是怎麼來的呢？

大家好～？
我是她的雙胞胎妹妹 俱芙愛～

連身材都差不多……！

她是我的雙胞胎妹妹！

這種情況是，當一個卵子和一個精子相遇後，在細胞分裂過程中，分裂成了兩個以上的受精卵，這樣就會生成遺傳基因完全相同的同卵雙胞胎。

④ 不良精子與不良卵子的懺悔書

我是獨眼龍

我是酒罐子

我是
古惑仔

我是
交際花

我並不是一出生就是
不良精子的！

我也不是
那樣的卵
子呢！

喂！
前面的小傢伙！

嗝！

哦！……
咱們逃跑吧！

想往哪兒跑…

啊一！

叔叔！
你幹嘛要攔我們？

幹嘛要攔你們，
因為我是
不良精子！

不良～

不良～

嗯

我是抽菸過度的卵子。

我是酒鬼叔叔陰囊中的精子

請問叔叔阿姨到底是什麼人！

哦？聽說酒和菸是不好的東西？……

是啊，而且對肚子裡的孩子也不好。

是誰胡說八道，敢說這不好的！

是妳說的嗎？？

不是我，我沒這樣說過…

噫！

豐滿

輕快～！

哦！是俱聖愛阿姨！

那樣說的人就是……

說話怎麼能這麼過分呢！

我！是我。是俱聖愛那麼教他們的。

沒有沒有～！

你！有什麼意見嗎？

沒有,沒有。還不是因為大家都討厭我們嘛……

你們怎麼不早點告訴我認識俱聖愛阿姨啊?

阿呵…

我要是早知道的話就放你們走了……

所以啊,還是應該保持身體的健康才是嘛!

啊!假髮都要被風掀起來了……

為了能擁有健康的精子和卵子,應該多做些鍛練。

千萬不能讓酒和菸污染了身體和心靈。

啊～原來如此～!

對不起……

這不是你們精子和卵子的錯

這都是危害你們健康的人犯下的錯。

所以,大家千萬不要學大人們那些不好的行為!

是～!

這就對了孩子們!

哈哈哈

啊?

露出肉來了→

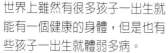

世界上雖然有很多孩子一出生就能有一個健康的身體，但是也有些孩子一出生就體弱多病。

呻——呀～

但是，絕不能因為身體太弱就喪失了生活下去的勇氣。

雖然有一個健康的身體很重要，但更重要的是有一顆健康的心靈。

知道了健康的心靈！

哈哈哈……當然！

不過，好奇你是怎麼知道這些的？

俱聖愛的指南書

沙拉拉……

在我尊敬的人當中，有一位叫史蒂芬·霍金的博士，

他的身體也很差。據說從出生之後就沒法走路。

史蒂芬·霍金?! 查到了！

是啊，很對……但由於他有一顆健康的心靈，所以才沒有灰心失望，鼓起勇氣活了下來。

俱聖愛的指南書

所以今天才成了一位很了不起的人！

是！

體～流 輕快

因此，不良精子、卵子，只要你們也有積極向上的心靈和精神，在這個世界上就沒有做不成的事情。

唰

是～！

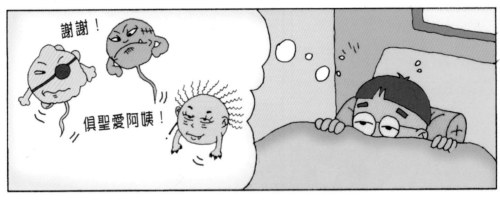

要想生育健康的後代，平時就
要好好保護胎兒的種子。

啤～寶貝乖！！

怎麼，
怎麼會～

但是，還是有些人因為抽菸或喝酒而
傷害了自己的胎兒種子。
如果觀察一下抽菸的人的精子就會發
現，精子無法活躍地游動，顯得很虛
弱無力。
就算是可以活躍地游動，都未必一定
能到達卵子所在的地方，游動得這麼
沒有力氣怎麼可能到卵子那兒呢？還
有，在抽菸或喝酒的人的精子中，兩
個尾巴的或者兩個腦袋等不良精子到
處都是。

夥伴們，
你們都在哪兒？！

再加上最近環境污染的緣
故，精子數量在逐漸減少。
如果不想讓精子數量減少的
話，就不能吃太多的泡麵，
像火腿一類的速食也是沒有
好處的。

女人在懷孕期間抽菸會更加危險，
孕期抽菸的話，尼古丁就會通過
臍帶毫無阻擋地進入嬰兒的體
內，畸形兒的機率就會大大
增加，就算沒有生出畸形
兒來，新生兒的體重也
會過輕。

柔柔弱弱

嗯……

啵 啵……

⑤ 噓！肚子裡的孩子正在聽呢！
—— 胎兒的成長和胎教

媽媽，
我放學回來了！

嗯，你回來了？

你阿姨來了～

哦？阿姨您來了？

是啊，你書讀得怎樣？

…
…

我這次要是也能生個像好奇一樣的兒子就好了。

是啊，
第一個是女兒了，
第二個要是兒子就好了！

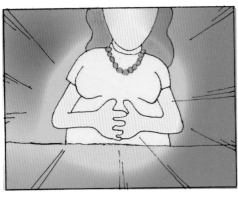

哦？阿姨！

您懷孕了？

嗯，是啊

哇！太棒了，
小真要當姊姊了，恭喜恭喜！

呵呵呵… 謝謝…

謝 謝 ！

要是我也能當哥哥
就好了……

嘀 嘀

哇～
是張惠妹

Bad Boy!
Bad Boy!

Oh,
Yeah～

真的嗎？
阿姨，真是那樣嗎？

是啊！

還有，媽媽想的、感覺到的東西，肚子裡的孩子也能感覺得到…

啊！胎教……
這我也知道
聽好的音樂，看好的書，
只想好的事情
是不是這樣？！

所以，胎教是很重要的，
知道了嗎？

丁好奇！

是啊，好奇真聰明！

咦，今天怎麼突然變聰明了～～

不過,您幹嘛在我正唱歌的時候
不讓我唱了?
都是為了胎兒的胎教嘛……

那也算胎教?純粹就是噪音污染!

噪音?
我唱歌唱得多好啊!

是不是啊~
阿姨~

這孩子,你就跟你爸爸一樣,
連五音都不全,
你不知道嗎?

不是的!不是吧?阿姨!

對~對不起
你媽媽說的好像
挺對的。

為了孩子……

呼

呼

肚子裡的孩子雖然不能用眼睛看東西，不過，他可以聽得到外面的聲音，連媽媽的情緒他也能感受得到。

哎呀，太可怕了……！！

媽媽，我也害怕～～

媽媽聽好的音樂，心情愉快的話，胎兒的心情也會變得愉快和平靜。在肚子裡的時候聽到的音樂或聲音，出生之後就可以看得出反應來了。

啊是莫札特的「搖籃曲」！

如果爸爸每天都和他說話，讓他心情愉快的話，嬰兒一出生聽到爸爸的聲音就會嘻嘻笑起來。
但是，如果媽媽和爸爸每天都吵架，過得很鬱悶的話，嬰兒的心情也會變差，情緒會不穩定，對人也會缺乏信任。

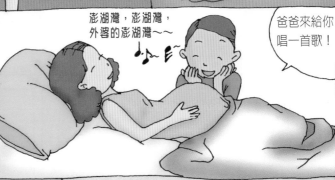

澎湖灣，澎湖灣，外婆的澎湖灣～～

爸爸來給你唱一首歌！

真是不錯的小說！

-Good！

等以後成了爸爸或者媽媽，希望你們要始終保持快樂的心情，做個凡事首先為孩子著想的好父母。

千萬不要忘記，在肚子裡的時候，基本的情緒和性格就在一定程度上形成了。如果周圍有懷孕的人，你是不是應該給她們提供便利呢？

⑥ 寶珍是外星人!?
—— 分娩的艱難和生命的珍貴

希珍的家

媽媽!嬸嬸哪兒
不舒服?

希珍,妳嬸嬸現
在在我們家坐月
子呢……

坐月子
……??

女人在生了小孩之
後,要注意保
護身體……

我討厭小孩!!
　　討厭!!

妳說什麼！？妳討厭那麼可愛的寶寶？

媽媽整天都喊著我們寶珍我們寶珍的，只喜歡小孩，不是嗎？

原來，希珍是嫉妒寶珍了……

呵呵呵～

我們的寶珍是不是該餵奶了……？

哎呦～

……

切～～

嚕嚕～～

媽媽整天都只照顧寶珍一個人，哼，一定要讓寶珍這個傢伙吃點苦頭，嘿嘿！！

嘿嘿嘿……

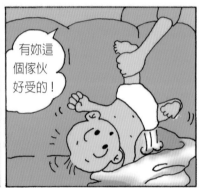

啊，希珍!!
妳不好好抱著孩子，
這是在幹嘛呢？

希珍，嬰兒受了多少罪才來到這個世上啊，
妳怎麼能這麼折磨她呢？

寶珍受什麼苦了？
她不但讓嬸嬸疼了個半死……
長得還跟個外星人似的……

希珍！妳怎麼能說嬰兒像外星人呢？
嬰兒之所以看起來怪怪的，那是因為在
嬰兒出生的時候，不但小孩的媽媽很
吃力，嬰兒自己也費了很大的力氣才來
到這個世界上的。
妳小時候也是這個樣子的呀～

媽媽，我已經準備好出去了！

嗯～！

是啊，嬰兒來到這個世界上不是一件很容易的事情。

嬰兒先要在媽媽的肚子裡度過10個月的時間，最後時間到了，他就會給媽媽發出信號。

「媽媽，我已經準備好出去了。」

接下來，媽媽的肚子就開始疼痛。剛開始的時候，就像鬧肚子一樣，稍微疼一陣子後就不疼了，然後再稍微疼一陣子後就又不疼了，這樣反覆很多次。慢慢地，肚子會變得非常疼，疼痛的時間也會延長。

每當肚子這樣疼痛時，子宮入口就會張開，這是為了讓嬰兒順利出來而在開門呢！

1公分，2公分，子宮口慢慢地張開，嬰兒的頭部就開始慢慢地露了出來。當子宮口張開得能看見嬰兒頭部大約10公分長時，這就是一個信號，表明嬰兒出來的時候到了。

10公分！

這是媽媽疼得最厲害的時候了，她會大聲地喊叫，眼前也會直冒金星。

有些人覺得疼得要死，就讓人拿根繩子來，甚至還有人會當場昏過去。

雖然媽媽的確很疼，但更吃力的人是在那個狹小的通道裡，用盡全身力氣往外鑽的嬰兒。有醫生研究表明，嬰兒所承受的疼痛是媽媽的10倍以上。

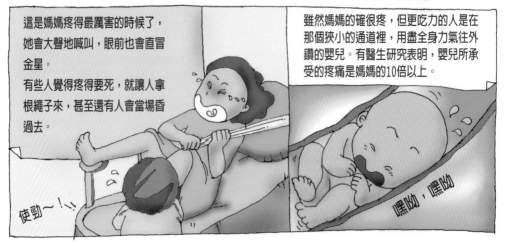

使勁～！

嘿呦，嘿呦

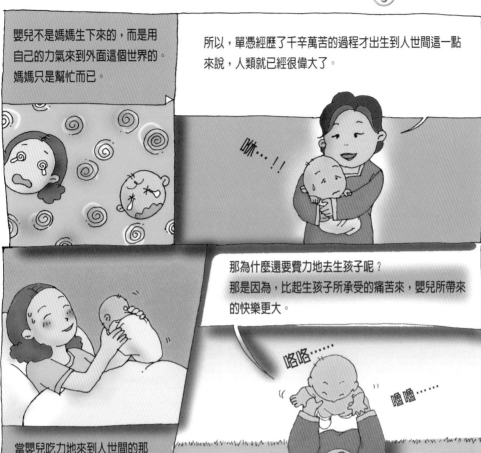

嬰兒不是媽媽生下來的,而是用自己的力氣來到外面這個世界的。媽媽只是幫忙而已。

所以,單憑經歷了千辛萬苦的過程才出生到人世間這一點來說,人類就已經很偉大了。

咻…!!

那為什麼還要費力地去生孩子呢?
那是因為,比起生孩子所承受的痛苦來,嬰兒所帶來的快樂更大。

咯咯……

嗚嗚……

當嬰兒吃力地來到人世間的那一瞬間,媽媽心頭會湧起一股感動之情,剛才所承受的所有疼痛就像被洗掉了一樣,忘得一乾二淨。

原來是這樣啊,沒想到寶珍妳還是費了那麼大的力氣才出生的呢!從現在開始姊姊會好好待妳的。

還有,媽媽!從現在開始,我會在疼愛嬰兒的同時,對自己也更加珍惜的。

⑦ 胎兒沒了
　　—— 流產和墮胎

再見！

哦？

…

…

叔叔阿姨好！

奇怪……怎麼回事？

連招呼
都不打……

媽媽！鄰居小真的媽
媽看起來很痛苦的
樣子～

我回來了！

咻！是啊！

怎麼了？
發生什麼事了嗎？

小真的媽媽前些日子不是還因為懷孕特別高興嗎……

是啊？

吁！～流產了！

這……這是真的？怎…
怎麼會……

媽媽！流產是什麼？

哦～流產就是肚子裡的胎兒沒能出生到這個世界上，到天堂去了。

……原來，阿姨和叔叔那麼痛苦的樣子是因為這個啊！

怎麼可能不那樣呢？

吁

可是，怎麼會……

你阿姨她身體太虛弱了……還有，女人要是懷孕了一定要格外注意身體。

吃力的事情盡量不要做

是啊，所以要是媽媽懷孕了，爸爸也要一起幫很多忙才行。

孩子是媽媽生出來的，爸爸能幫什麼忙？

雖然孩子是媽媽生的，但爸爸如果不好好照顧她、幫助她的話也是不行的。爸爸不是隨便就能當的。

孩子是媽媽和爸爸一起生的～

生命就是這麼寶貴就像我們家好奇一樣的寶貴！

我們好奇長大後也要
做個好爸爸才行！

……

爸爸

好～

嘭！

不是精子和卵子受精後就
都能生出小孩來的。

有些受精卵本身太虛弱，根
本長不大就死去了；而有時
媽媽太虛弱了，支援不了受
精卵的生長發育，也會死掉
的。

就算媽媽和胎兒都健康，但如果
媽媽摔倒了，或者精神上受了刺
激、壓力過大等，有時也會造成
胎兒死亡。

胎兒還沒能出生成為嬰兒就死了，這叫做流產。

嗚嗚……連世界都
沒能看上一眼……

走好～

除此之外，有時候由於爸爸和媽媽不具備把孩子生出來的條件，所以也不得不把他打掉。

這叫做墮胎。爸爸和媽媽在發生性關係時，不考慮這可能會導致懷孕，而不負責任地發生了性關係，

或者在媽媽不願意的情況下，有些壞人強行和她發生了性關係而導致懷孕，不得不去把胎兒打掉的情況也是有的。都是由於大人的錯誤才導致這些可憐的生命死去的。

因為墮胎而死去的胎兒是不幸的，而且媽媽的身體也會受到嚴重傷害，所以一定要小心才行。性關係是要和你真愛的人在能對生命負責的時候才能進行的。

大家知道了嗎？

⑧ 昨晚發生的事情！
── 愛的感覺

希珍家

誰啊！

我來開！

不行，我來開！

不！

嗯～　嗯～　咿咿～

妳們這兩個丫頭，
怎麼不開門啊?!

哎呀！是叔叔來了……
太好了太好了，快進來快進來～

過來！
叔叔來了！

叔叔～～！

喂！妳走開～～　　妳走開～～

叔叔！您更喜歡我，對吧～～

做可愛狀

不對～不對～
叔叔更喜歡貴珍～

咿～

哈哈哈……　　……

妳們這兩個小丫頭剛才連門都不開，
就知道在那兒打架，怎麼一會兒工
夫又打上了……

嗯…看來
這次叔叔是不
能給妳們禮
物了……

咿

禮物

咿

禮物

第二天早上

懶洋洋……

搔頭～～～ ？

咦？

喂，羅貴珍

喂，
起來起來

哎呀……
幹嘛呀！

呀！我們不是睡
在中間的嗎？

這是怎麼回
事呢？……

？為什麼？

奇怪吧？

哦～真的哎！

奇怪吧?

嗯…這是怎麼回事呢?

是不是爸爸不喜歡我們呀……

為什麼爸爸非要睡在媽媽身邊呢?

雖然人們可以通過語言來表達自己的心意,但除此之外還需要通過身體來表達。媽媽緊緊抱著妳的時候是不是感覺很好?

同樣的,媽媽和爸爸想通過身體進行進一步的交流時,就會想要靠在一起。所以才要接吻,還要緊緊地擁抱。

是啊~!

嗯~~

呼呼呼─!

嗨~~

要好好唸書~~

⑨ 父母美妙的性關係

啊哈～原來如此！！

！

嗤

俱聖愛阿姨教得
真好，全都記
在腦子裡了。

⋯⋯

奇怪啊??

不過，要是像阿姨說的那樣，
只有媽媽和爸爸在床上相親
相愛地發生了性關係才會生
出孩子來⋯⋯

那媽媽和爸爸到現在為止
是不是就只發生了一次性關係啊？

希珍家還有貴珍，那她的父母應該是
發生過兩次性關係了⋯⋯
櫻子家五次⋯⋯

⋯⋯2⋯⋯

⋯⋯5⋯⋯

那麼，我的媽媽和爸爸只有一點點相愛嗎？

媽媽！

媽媽！媽媽和爸爸到現在只發生過一次性關係嗎？

媽媽和爸爸相愛後結婚才生下了我，不是嗎？

要生我的話，爸爸身體裡的精子要射到媽媽的身體裡才行，對吧？

我是獨生子,那媽媽和爸爸就只發生過一次性關係吧?

那,其他的日子你們兩個都幹什麼呀?

怎麼回事呀?
好奇怎麼突然變聰明了?

我怎麼知道。他的名字叫好奇,所以好奇的東西才那麼多吧?

會不會是看了俱聖愛阿姨的書啊?

這個怎麼解釋才好呢……?

俱聖愛阿姨
救救我們呀~

嗯彭

好奇這個孩子好奇的東西就是奇妙的性關係吧!

呵呵

那還是媽媽和爸爸親自來解釋給他聽吧!

好吧，那你聽好了～

好的

陰莖和陰道交合在一起叫做性關係。
性關係不是隨便和誰都可以發生的。

只有在準備好撫養可能會出生的孩子的時候，才能夠和相愛的人發生性關係。

和相愛的人在做好準備的情況下發生性關係不僅非常有趣，而且就算在事後也會有幸福的感覺。還有，作為愛情的結晶，如果生出了孩子也會令人特別高興。

但如果兩個人並不相愛，只是為了一時的爽快而發生了性關係，在發生性關係時或許會覺得快樂，但事後心情就會變得很糟糕。

一旦懷孕了便會對胎兒十分排斥，甚至會去墮胎。

啊～原來如此呀！

那性關係是怎麼發生的呢？

有些人搞不清楚一時產生的性衝動和愛情的區別而發生了性關係，

還有人在對方不願意的情況下，只因為自己喜歡就強制對方發生性關係。這樣的性關係是只會帶來痛苦的錯誤的性行為。

希望以後大家能夠擁有美妙的性關係，可以對性關係產生的生命負責，性關係之後感覺爽快並能加深彼此之間的感情。

拜拜～～！

⑩ 小阿姨結婚的前一天
 ——寶貴的新婚夜

好了，妳既然來了就過來坐下。

希珍、貴珍先出去玩一會兒～

您有什麼要說的？

初夜？

新婚初夜？

我是要告訴她新婚初夜怎麼對待新郎倌。

外婆！我知道新婚初夜是怎麼回事～

咦！妳怎麼知道新婚初夜是怎麼回事？

這是怎麼回事呀～

這怎麼得了～

媽媽，現在的孩子都受過性教育，所以都知道的啦，現在的孩子都早熟得很……

…

外婆！您現在可不要覺得我還只是個孩子了～

得意洋洋！！

呵呵呵……

呵呵呵～

嘻嘻～

嗨嗨～

嗯，也是！
那希珍和貴珍就和小阿姨一起聽好了！

認真！

新婚初夜，成為夫婦的男女要發生性關係。
這麼重要的性關係不是和誰隨便怎麼樣就可以發生的。
嗯，必須要雙方相愛才可以。

只能和真正相愛的人發生這種關係。

新婚初夜的性關係是要和約定共度一生的那個人一起分享的，這種約定是極其珍貴的。

重要 標出來！

珍貴？

媽媽！珍貴，和我名字差不多嘿嘿～

真是的……

希珍和貴珍也要有一個幸福的新婚初夜～

知道嗎？！

是～

外婆！

哎喲我的乖孫女～

我有信心！

我也要外婆抱～～

呵呵呵～好，過來過來

第5章 性騷擾

① 爺爺！我的陰莖不是看著玩的東西

媽媽！
我去上學了。

嗯，好好聽老師的話……

小心汽車，
好好寫作業～

對吧？

嗯，趕緊去吧！

噗嗤

吱呀

啊。好奇！你爺爺
說今天要來，
早點回來。

嗯～啊？！

爺～爺爺……？？

爺爺來了，又要看我的小雞雞了。

噗…

肅靜

喂，妳站住～

嗨～嗨～妳來抓我啊～！

吓！

你有什麼心事嗎？

是這麼回事……如此如此，如此如此～

如此如此？

如此如此？

啊…

真是的，我也討厭那樣！

我們現在都已經長大了……

老師不是說生殖器不能給別人看嗎？

對啊！！！

我早就知道會這樣～

果然……

被我一個女孩打的滋味怎麼樣？

救救常識我吧～

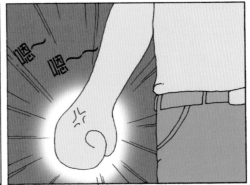

嗯～

嗯～

拳頭比我的還大？！！

啊～！！

喂！丁好奇！這樣你還喜歡希珍嗎？

嗯，這才叫酷呢！

放學後

一定要按我說的做！

五金商店

好奇！你一定做得到！

當然，還好有我！

知道了。

叮咚

嗯，快點進來～

爺爺來了，
還不趕緊磕頭
好奇！

我回來了！

知道了……

焦躁　不安

爺爺，
您好！

咚咚

乖孫子最近怎
麼樣啊？

還好啊。爺爺，我去梳洗一下，換件衣服再過來。

好，你去吧！

欣慰

得快點……！

嗒嗒～～

哇

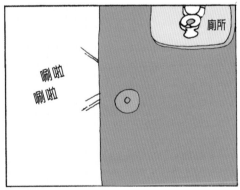

唰啦唰啦

廁所

嗯嗯

悄悄地……

好奇他嗎，最近……

是的，爸爸……

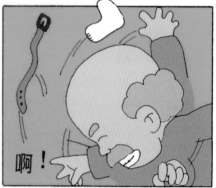

絕對不能給您看！

咦，你這是什麼東西？

這又是什麼？

嗯！

你這臭小子～還不趕緊過來！

我不想給您看，我現在都已經不是小孩子了！

哎，你這臭小子……爺爺我不過是想看一下你的小雞雞，這有什麼不好的？

那，爺爺也可以讓我看看您那個東西嗎？

要是那樣的話，我也能給您看。

嗶哩嗶哩～……

嗯，嗯…

你這臭小子……這個……

噗～

不，我也要看。要是爺爺給我看，我也會給爺爺看的！

呵呵呵……

嗯～壞蛋！

爺爺小時候也都是給你爺爺的爺爺看小雞雞長大的，所以你也應該這樣才行啊！哈哈哈！

爺爺，我不願意！
我們學過，生殖器是用
來生孩子的
珍貴的東西～

我不喜歡自己的生
殖器被當成看著玩
的玩意！

嗯…你說的也對！！

嗯～

爺爺是看我們好奇太可愛了
才那樣的，以後爺爺注意一點
就是了。

哈哈哈……

爺爺，謝謝您。

乖孫子！

呵呵呵……

呵呵！還是爺爺最好了！

爺爺好高興喔！！
好奇這麼聰明！

哈哈哈哈……

② 害怕搭公車
　　——公車上的性騷擾及對策

李小皮
梅常識

羅希珍

到　　到

羅希珍？

羅希珍，
她還沒來？……

最近希珍怎麼
總是遲到啊？

奇怪……

吱呀

對不起。
老師……

希珍！
妳能和老師
談一下嗎？

跟我來……

國語

希珍，妳死定了
哎～哎～

喂！你要是敢欺負
希珍，
我打死你～

辦公室

希珍！最近家裡有什
麼事嗎？
沒有關係，
說給老師聽聽！

嗚～

啜泣……

不安地……

我好怕！
哇哇～

怎麼了？
怕什麼？

我害怕搭公車，
老師……

嗚嗚…

……

公車？
發生什麼事了啊？
說給老師聽聽！

幾天前我搭公車來學校，

多果汁
300

有一個大哥哥總是摸我的屁股，還一個
勁地往我身上靠……

我太害怕了，什麼聲音也沒敢出，一會兒
就趕緊下車。

從那以後我就不敢坐公車了，只能走
路來學校，
所以才總是
遲到。

對不起……

性騷擾對策
的必要性

性騷擾並不是發生在特定的人身上的。
它就像交通事故一樣，是在誰身上都可能發生的事情。
因此，我們在日常生活中一定要對這種危險做好心理準備。

如果遇到了性騷擾該怎麼做呢？

對策

第一

如果碰到性騷擾者，要和他說話！
要通過對話來讓性騷擾者清楚他自己正在幹什麼。
為達到這一目的，首先自己絕不能慌張，要先使自己冷靜下來。

叔叔你幹嘛呀？

你哪兒不舒服呀，要我幫忙嗎？

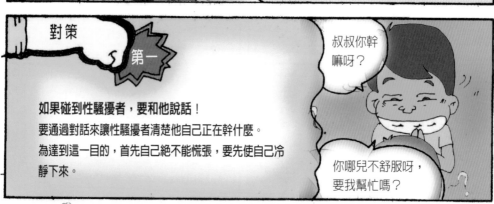

第二

平時要做一個能準確表達自己情緒的孩子！
當情緒不好或不願意的時候，要坦白地把自己的情緒表達出來。
不要只是用很小的聲音含糊不清地去說，為使性騷擾者清醒過來，大聲地表達自己的情緒效果會更好。除此之外，也可以用石頭打碎玻璃，或者發出聲音來尋求身旁人的幫助！

討厭！

③ 那個叔叔做過什麼事我們都知道
──社區叔叔的性騷擾

咦，是好奇的媽媽!!
好奇他媽!

咦，這不是希珍她媽嗎，您幹什麼去了？

嗯，我去了趟市場……

哦～我去參加同學會了。

一定很有意思吧？

還好啦……

聽說現在針對兒童的性騷擾行為增長地很快，

妳說這樣下去，有女兒的父母該怎麼過呀？

叔叔！
您好～

嗯，好。放學了？

是啊！

～嘿

小傢伙！叔叔給妳們
買點心吃怎麼樣？

嘿～～

哇～～

好！

走吧，小寶貝們

～嗯！

叔叔！叔叔現在觸犯了刑法**第227條**的規定，對兒童進行性騷擾。
所以，現在請您跟我一起去警察局走一趟。還有，

叔叔有權保持沉默。

哦，我到底做錯什麼了？

姊姊！我們先去叔叔家把這件事全都告訴阿姨～

嗯！

姊姊，
妳聽好了，

啊～～～

姊姊是受害者！

叔叔是加害者！

而我……
我是……

妳是什麼，
妳還不就是
貴珍嗎！

消沉～～～

嘖嘖…不是……
在這兒我是證人！！

知道嗎?!

妳們這是要幹嘛呀？
難道叔叔認錯也不成嗎？

哇！

哎呦！

還有，叔叔！奶子是什麼？
真沒文化……

傢!!

我們身上漂亮的小疙瘩叫乳房。

奶子

乳房

我們漂亮的乳房是以後用來好好餵養寶貝嬰兒很重要的東西。

你等著吧……

孩子們千萬別……

嘖嘖…

真丟人～！

小朋友們有沒有這樣的經歷？

這樣的事情我絕不能容忍！

還沒有碰到過的小朋友，如果以後碰到了這樣的事怎麼辦呢？

像貴珍一樣！

我也是！

④ 發生在小麗身上的一件事
——性騷擾

我們班的同學中
有一個叫小麗的。

她功課好，人長得又漂
亮，很受男同學歡迎。

但是最近小麗一反常
態，好像情緒很不好
的樣子。
怎麼回事呢？

給我站住?!!

走好～！
再見。
明天見～～！

老師再見！

好。再見～
小心汽車……

老…… 小麗！

老師！我有話想跟您說……

嗯？

嗯，好啊。不過，小麗，妳不是哪兒不舒服吧？

那妳說給老師聽聽，我們小麗最近連笑都不笑，怎麼這麼不高興呀？

沒有啊……

小麗家

咯…咯…

那天爸媽一起去國外出差了。

叮鈴鈴～～～

喂,你好……

喂?
是小麗嗎?

是啊!
你是誰啊?

我是
阿明哥哥～

原來是哥哥啊!

聽說舅媽和舅舅都
出國出差了,

我怕妳無聊
就打個電話
給妳～

嗯,謝謝你……哥哥!

妳不害怕嗎?

害什麼怕
……
他們明天就回
來了啊!

保姆阿姨呢?

嗯,阿姨她今天
家裡有些事情提
早回去了!

是嗎?!
那哥哥過去玩吧!

真的！不過，
哥哥你不用唸書嗎？

不用！
功課都做完了

好吧，哥哥，
那你趕緊過來吧！

好，
我這就過去～

阿明哥哥一直都
對我很親切，對
我很好。

買冰淇
淋給妳
吃好
嗎？

～～嗯

但我還是很喜歡
阿明哥哥。

叮咚

哦，
是哥哥！

不過聽家裡大人們說，哥哥他進了高中以後
就結交一些不三不四的朋友，開始變壞了。

咳！咳！

誰呀？

哥哥！
快進來～

妳好！

小麗又變漂亮了！

哇～

真的嗎？

我和阿明哥哥吃吃水果，聊聊天，就到晚上了。

……

沒意思～

沒意思嗎？
我怎麼覺得還蠻有意思的呀……

嗯，太沒意思了！

小麗！
我們玩一個有意思的遊戲吧？

什麼遊戲？

跟我來～

嗯？

進了房間之後，哥哥讓我坐在床上，然後他就把電燈關了。

吧嗒

哥哥幹嘛要關電燈！

黑黑的，很嚇人的……

這個遊戲只有把電燈關了才更有意思。

哥哥……
我害怕……

怕什麼？哥哥是要講鬼故事給妳聽才關燈的。

嗬～真的？

哇～我喜歡聽鬼故事你快講啊！

…嘿嘿嘿…

突然，那個人發現後面穿白衣服的女人身上正在流血……

咿嘿嘿～

然～然後怎麼樣了……？

媽媽…

……

突然那個女人撲向那個男的，死死地抓住了那個男的！

然後那個女人就開始撫摸那個男人的身體！

哥哥，就講到這兒吧，沒意思我不喜歡！

咦…

乖～！

妳別動……

哥哥，你幹嘛要這樣……

嗚～我害怕……

今天發生的事情不准告訴別人。

好了，妳拿去買些喜歡的東西吃吧……

！……

嗚嗚…

小麗！要是沒發生這件事就好了，不過，這不是妳的錯。

不過,老師……
我很害怕很害怕……
我現在該怎麼辦呢?

沒關係,小麗呀!
這都是沒有經過
妳允許就摸妳身
體的阿明的錯。

還有,現在小麗能
把這件事告訴老
師,老師很
感謝妳!

碰到一些討厭的事情
會讓人很苦惱,不過
小麗卻能鼓起勇氣把
它說出來,這是很了
不起的~

我們小麗這段
時間很苦惱吧!

是啊!

嗚嗚…

好了,我們一起去把這件事情告訴媽媽,那
個哥哥因為自己做了見不得人的事,所以才
想保密!
我們一起去告訴媽媽,一起解決這件事情
吧!
小麗,不用擔心!!!

嗯…跟老師說了以後心裡舒服多了～

好，小麗，這種事情是在誰身上都可能發生的！

關鍵在於面對和解決這樣的事情，像小麗剛才表現出來的勇氣是比什麼都重要的，以後那個哥哥就再也不敢做那樣的事情了～

當然……

真的，真會那樣嗎？

那當然了，父母和老師都會一起幫小麗去解決的。

嗯～～！

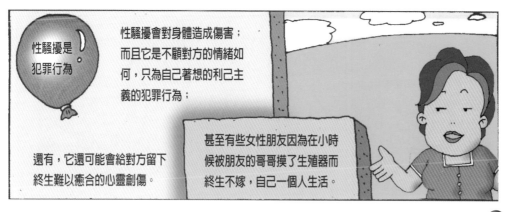

性騷擾是犯罪行為

性騷擾會對身體造成傷害；而且它是不顧對方的情緒如何，只為自己著想的利己主義的犯罪行為；

還有，它還可能會給對方留下終生難以癒合的心靈創傷。

甚至有些女性朋友因為在小時候被朋友的哥哥摸了生殖器而終生不嫁，自己一個人生活。

第6章 男性和女性的性

① 爸爸的內褲破了一個洞

哈哈哈

......

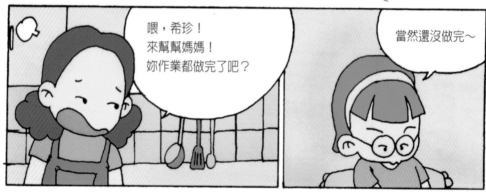

喂，希珍！
來幫幫媽媽！
妳作業都做完了吧？

當然還沒做完～

死丫頭！～

蹦！

啊～

疊衣服
您就不用
擔心了～

嗯

跟跟蹌蹌

跟跟蹌蹌

啪！

啊

救命呀！

咦～？

嘔～

這是什麼呀？

？？？

咦？？

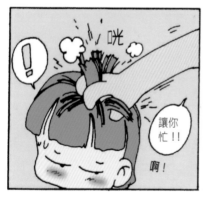

沒事兒，媽媽……
我在讓貴珍寫作業呢……
她說不願意做，我就進來
逼著她做。

媽媽
啊～啊

貴珍嗎？
怎麼可能呢……
要是希珍的話我倒
相信。

啊呀呀呀，放開我
我作業都做完了！

妳給我
閉嘴！

…

嗯～～

氣死我
了～～

我決定了～！

恢

掏掏找找

看好了，羅貴珍！

這是爸爸
的內褲～

叭嗒
叭嗒

妳看看這個！爸爸內褲都破了一個洞了還穿呢……

哇～～～～

哇～～～

哇～～～

哎呀，不知道怎麼回事，跟著哭吧

不過……姊姊！

啜泣

是嗎？

這是媽媽上禮拜才剛買的呀……直條紋內褲～

上禮拜……

不管怎麼說，都已經破了一個洞了。妳這個小丫頭，幹嘛非要和我爭。

妳每天就知道說我，姊姊妳是不是看我長得漂亮嫉妒啊？

唔～

這是什麼？

別吵了！妳去爸媽的房間把針和線給我拿來，別讓媽媽看見！

唔～

噓 噓 噓

鬼～～～～臉

死東西！

噠噠噠

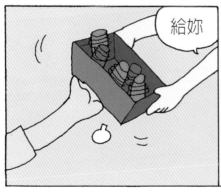

給妳

② 好奇的腋毛！？

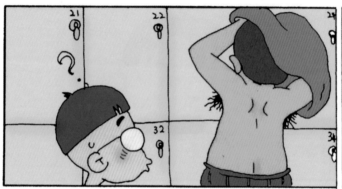

……

爸爸！為什麼大人們身上長那麼多的毛呀？……

多難看啊！

你覺得難看……？

呵呵……
你這小子……

長大以後都會像這樣長出很多毛來的，

重要的部位長毛是為了保護那兒的皮膚……

腋毛長在腋下,是因為那兒要流很多的汗水,用來排汗的,陰莖那兒長毛也是因為那兒很重要!

啊哈~!

那媽媽也有毛嗎?

那,媽媽身上也長毛,爸爸是怎麼知道的呢?

那當然!女人也有。

嗯…快,快點洗澡吧!

這小子,每次問的問題都……哎~

咕嚕咕嚕………

幾天後

哎呀,破了一個洞,該補一下了!

這～這是
怎麼回事？

幹嘛呢！

爸爸不是說了嘛，
重要和必要的部位都會
長毛的，
我還沒有長毛，所以沒
辦法只好……

嘿嘿嘿～！

哐 噹！

是不是應該再
黏上一些呀？

嗨～

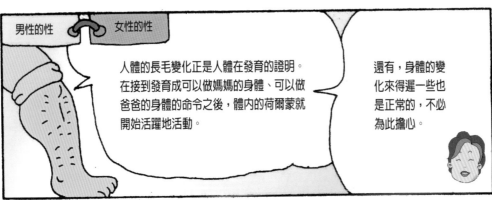

男性的性　　女性的性

人體的長毛變化正是人體在發育的證明。
在接到發育成可以做媽媽的身體、可以做
爸爸的身體的命令之後，體內的荷爾蒙就
開始活躍地活動。

還有，身體的變
化來得遲一些也
是正常的，不必
為此擔心。

無論是誰時候到了都會開
始發育的，所以只需懷著
愉快的心情等著這一天的
到來就是了。但並不是
說，身體上發生了變化就
肯定已經長大成人了。

以良好的心態、盡
最大努力去處理好
所有的事情，我們
應該讓這種態度伴
隨自己愉快地長大
成人。

③ 沒有保存期限的奶

嗨～

好奇！

丁好奇！

嚇一跳！

別看電視了，
去幫我買東西！

嗯？……過一會兒……

不想去～

不行！
馬上就給我去！

明天早上喝的牛奶沒了，
去買點牛奶回來，
回來的路上順便買10塊錢
的豆芽菜……

仔細看一下
保存期限～

真懷念以前
的日子！

什麼？

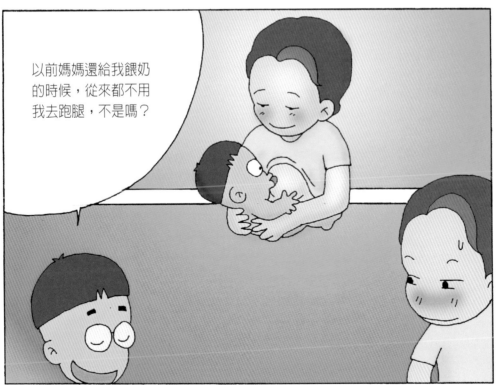

以前媽媽還給我餵奶
的時候，從來都不用
我去跑腿，不是嗎？

④ 爺爺只喜歡男孩！！

嗯，嗯

爺爺好！ 爸爸好！

嗯！

你們在幹什麼呢，那麼晚才開門？

哎呀，像老虎一樣的爺爺又來了……

哎呀呀……

爸爸有什麼事呀，突然……？

怎麼事先也沒打個招呼呀，要不然也可以出去迎接您呀……

不過……媽媽怎麼沒有一起來呀？……

老太婆她挺好的，我這次來是想把族譜給你們…

哈哈哈～

嘻嘻嘻

妳們這兩個小丫頭……
瘋瘋癲癲的……
妳們就不能
文靜一點嘛！

兒媳婦啊！還沒什麼
動靜嗎？

這個……
什麼……

不準備生
個兒子了
嗎？

哎呀……爸爸，
把希珍和貴珍撫養好了
不是一樣嗎……

胡說！

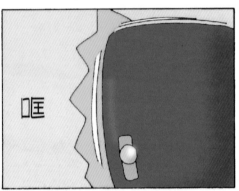

媽媽做了什麼很對不起爺爺的事情嗎?……

哪有什麼對不起的呀……還不就是因為沒有生個男孩,不知道幹嘛那麼喜歡男孩……

唉!妳看丁好奇,不就是每天好奇的東西多一點嘛……

有什麼了不起呀?……成績還沒有我好呢!

什麼?妳說好奇哥哥成績還沒有姊姊妳好?那媽媽怎麼每天都嘮叨說姊姊妳總是在班裡考倒數第一,她都快急死了……

喂!媽媽什麼時候說我倒數第一了?

……

媽媽說我是倒數第二~

嗯…

第二……

反正我在我們班是第一名……

是啊！妳可真了不起呀！

不管怎麼說，男孩就了不起呀？丁好奇還不是整天像跟屁蟲一樣跟在女孩子後面……

是啊，真是沒有出息，整天跟在姊姊後面～

砰！

妳再說～～

救救我呀……

切～

不過，媽媽的肚子裡到底是男孩還是女孩是由什麼決定的呢？

咿～～

在爸爸的精子裡面，有可以成為女孩或男孩的兩種染色體。
到底是男孩還是女孩，是由這兩種染色體中的哪一種和媽媽的卵子相結合來決定的。

不過，不管是男孩還是女孩，爸爸和媽媽都會當成心肝寶貝，為你們而自豪的。

⑤ 族譜裡沒有希珍

啊哈！原來
是這樣啊！

我還有事，
就到這兒……

啊啪啪…

咦，牆怎麼
會……

對了，姊姊！剛才爺爺拿
來的是什麼書呀？

不是說族譜嘛，
族譜！

族譜？
族譜是什麼？

這個嘛……
我們家前面那個
……！

幹嘛總問這麼難
的問題……

聽起來和「豬舖」差不多，是不是就是賣豬肉的呢……或者，就是賣各種動物爪子的「足舖」？

嘿～～

呱嘰

豬的足不就是豬蹄嘛？……上面寫的是全國豬蹄舖的電話號碼吧！

60 kg

新鮮奉送

000-6868

豬蹄！！

要是豬蹄的話，我當然不能袖手旁觀了！！

撲籟撲籟

嘿嘿～趕緊看一下！

嗯～

...

咦？怎麼不是豬蹄舖的電話號碼呀……

哎呀，原來姊姊是瞎猜的呀！

喂！妳滾一邊去…

哼～～～

……

嗯…

豬蹄舖……

姊姊，妳看，爸爸和親戚們的名字，看來是一本記錄我們家族人名的書！……

羅江河 羅江山

不過…不過，沒有妳和我的名字呀！

真的呀？
怎麼會沒有呢？

怎麼沒有呀，一定是爺爺忘記寫上了吧！我們自己寫上就是了，筆呢？

啊，這是怎麼回事？

怎麼了？爸爸？

希珍………貴珍！！

希珍、貴珍妳們給我過來！

是！

是～

妳們幹嘛那樣啊……

是妳們把自己名字寫在族譜裡的？

是～

是……

族譜裡把我們的名字漏了，大概是爺爺一下子忘了吧！

是啊，所以姊姊她才……

嘿～～

從古至今哪有把女孩的名字寫在族譜裡的？

最近女孩的名字也往裡寫了……

你怎麼能和那些亂七八糟的家庭比呢！

……

那爺爺您不喜歡姑姑嗎？

貴珍！……

這是什麼話？十指連心，哪個斷了不疼啊？當然都是心肝寶貝了！

那您為什麼說女孩的名字就不能寫進族譜啊？

爺爺要是真的不把我們寫進去的話……

我們就自己另做一個我們家族的族譜，族譜裡所有的親戚都有，憑什麼就沒有我們？

我們是多麼重要的家族成員呀！

哎呀，這個小丫頭……

嗯，嗯…

嗯…

真是養了一個聰明的丫頭，看來這族譜是該重新寫一下了！

吁～～

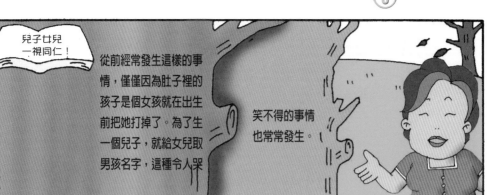

兒子女兒
一視同仁！

從前經常發生這樣的事情，僅僅因為肚子裡的孩子是個女孩就在出生前把她打掉了。為了生一個兒子，就給女兒取男孩名字，這種令人哭笑不得的事情也常常發生。

但地球人口的一半是誰？缺了哪一方都不過是半邊罷了，所以現在一定要轉變觀念。不能再分什麼男生幫、女生幫的
～還是不要再這樣下去了～

⑥男人的顏色？女人的顏色？

遠東百貨公司

哎呀～這個好看！

這也好奇～

那也好奇～

顏色也不錯！
好奇！怎麼樣？

嗯！真好看！

這是媽媽
厲害！

媽媽！
妳看合適嗎？

大減價

嗯！
我的兒子穿什麼
都好看……

您看這個藍色的怎麼樣？

這個顏色好像更合適一些！

我覺得一般呀……

紅色的衣服是女孩子穿的，
這個藍色的才是男孩子穿的呢！

怎麼樣？
要是穿上去多有精神呀？

……

……

憑什麼男孩的衣服就一定要是藍色的，女孩的衣服就一定是紅色的？

這個嘛……

倒不是因為這個，我是說，他現在穿的鞋子就是紅色的，要是連衣服也穿紅色的，朋友們不會笑話嗎？

不會的，
我的朋友常識穿的褲子是紅色的，戴的帽子也是紅色的，看起來很帥！

還有，我的女朋友希珍，再也沒有比藍色更適合她的了！

哎呦…
又是希珍
～

就買這個吧！

哎呀…

怎麼樣？我的兒子，好看吧？

以後啊……要是小姐您也生個兒子，一定要把他打扮得這麼好看，那種適合穿紅色T恤的兒子。

啊…好啊！

生孩子……真羞死了……

男人和女人

男人的顏色是藍色，女人的顏色是粉紅，

爸爸主外，媽媽主內？不是這樣的。

就像顏色本身並沒有分男女一樣，也沒有分什麼男人的事、女人的事。
在一流的廚師中很多都是男的，

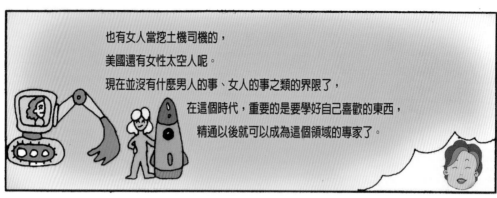

也有女人當挖土機司機的，
美國還有女性太空人呢。
現在並沒有什麼男人的事、女人的事之類的界限了，
在這個時代，重要的是要學好自己喜歡的東西，
精通以後就可以成為這個領域的專家了。

家事也不是媽媽一個人做的，而應該全家人一起做。現在大家是不是也能自己動手打掃一下呢？因為家事本來就不是媽媽一個人的事情。

接力棒！

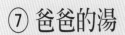

⑦ 爸爸的湯
　　──好奇的日記

6月5日　天氣：

今天爸爸和媽媽一大早就 ⟶ 一會兒就沒了

快點，老婆！

喔

完了完了
要遲到了！

我的媽媽和爸爸從幾天前

開始變得忙了起來。

因為媽媽也開始工作了。

兩個人一回家，爸爸就開始
做飯，媽媽打掃屋子。
有時候他們也交換著做。

所以，為了幫助媽媽和爸爸，像打掃我自己
房間一類的小事情，我就經常自己做了。
比起媽媽做飯的日子來，實際上
我更喜歡爸爸做飯的日子。

因為，爸爸做的湯更好吃。
　　今天本來應該是媽媽做飯的。
但媽媽不知道是猜透了我的心思
還是怎麼，還是讓爸爸做飯，自己去做
打掃的事了。

媽媽真不愧是我的媽媽，怎麼想的和我
一模一樣呢。
　　最後還是爸爸做的湯，味道真是沒得
說。

我們一家人都吃多了，最後不得不吃胃腸藥。

但我還是喜歡爸爸做的湯。

如果每天每天都是爸爸做飯就好了。

要是每天的飯盒也都是爸爸做的該多好啊。

啊！那一天得等到什麼時候啊⋯⋯

除了聖誕節之外，恐怕就數那一天最重要了。

⑧ 小阿姨的戀愛

好奇的房間

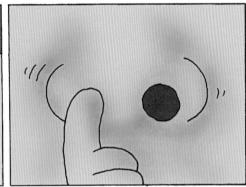

噗！

篤篤～

誰～
誰呀！

文靜地

好奇！
吃點零食再
唸書吧～

小阿姨！

小阿姨的戀愛

客廳

媽媽！小阿姨有些奇怪呀！

嗯？

你的鼻子……你又摳鼻屎了吧？

不過你小阿姨哪兒奇怪了？

以前的樣子

呀～

她以前總是神經質，動不動就發火，

現在的樣子

啊！好幸福……

最近每天都笑嘻嘻的，看起來很幸福的樣子，人好像也變漂亮了。

你小阿姨最近在「兩情相悅」呢！

兩情相悅？

國語大辭典

兩情
相悅

男人和女人在長大以後就會彼此相愛。
男性和女性，不同性別的人互相分享愛，這叫做
兩情相悅，俗話就叫做「戀愛」。
開始戀愛之後，內心世界就會變得豐富和積極，
不知不覺間愛意就會噴湧而出。
所以她最近才變漂亮了許多，人也開朗了。

啊哈？

真正的愛情

真正的愛情只有當雙方都抱著互相尊重的態度，一起為彼此而努力的時候才是真的。

說愛對方就隨便去摸對方的身體，或者不顧對方的情緒我行我素的話，這種愛是無法維持長久的。

而那些雖然臉蛋長得漂亮，卻很自私的人，是很難找到真正的愛情的。

相愛的心

不能因為討厭朋友某種樣子就躲開他，而要努力指出來，去幫助他糾正過來

心靈就是這樣變得純淨和寬厚的。

只有在身體和心理上都做好了生兒育女、為人父母的準備時，才能夠發生性關係，大家都知道嗎？

好了，大家一定要學著去培育一份真正的、珍貴的愛情！

第7章　我們奇妙的性

① 柔弱的女人，健壯的男人
—— 女人味與男人味

希珍的家

……

嘰喳嘰喳

咻～

白雪公主真是幸福死了。
為什麼男孩子都只喜歡她呢？

聽說只要是漫畫中柔弱、漂亮的女孩，他們都會喜歡的……

所以像我這樣調皮的女孩，恐怕男孩們都討厭吧？

不是的！
漫畫故事都不是真的！

對妳有好感的男孩也不少啊！
妳又幽默、又活潑，丸子！

好奇家的客廳

你看那個男的，真有男人味～

我們老師說，懂得珍惜女人的男人才是真正有男人味的男人！

是這樣的，小朋友們，有時候，漫畫或者電視劇中往往會出現一些不良的男女形象。

未滿18歲
不可訂閱

小朋友們都很聰明，
現在都知道什麼是真的，什麼是假的了吧？

不管是男人味還是女人味，首先都要建立在有人味的基礎上。

當彼此都為對方著想，懂得珍惜對方的時候，真正的愛情的光輝才會散發出來。

啊哈～～

原來是這樣

② 我知道 !! 都是俱聖愛阿姨教的

一個星期天的下午，我在朋友家玩夠之後就回到了家裡。

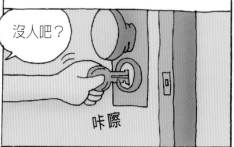

以為父母出去了，我就用鑰匙打開門進去了。

沒人吧？

咔嚓

不過，本來以為沒人在家的，卻聽見臥室裡有動靜。

嗯？

動靜

我很高興地把臥室門打開了。

哦！原來爸媽在家啊？

結果我看到了不該看到的場面。

我看見爸媽正在親熱。

我那時受到了刺激。

我開始討厭爸媽，也不想回家了。

希珍～
吃飯了～

不吃……

是嗎？那姊姊的飯
也給我吃吧……

嘿嘿嘿…

媽呀！

縮回去……

哐

這是妳姊姊
的飯！

不行！

唔

看看我的寶貝女兒
有多高了？……

……！

討厭！別碰我…

小朋友們真是又可愛又懂事。
是這樣的,性是一種奇妙和
珍貴的東西。

不過,如果在不懂的情況下碰到性的問題,性可能會讓小朋友們大吃一驚的。

真奇怪⋯⋯

但只要正確地瞭解了它,就會感覺到性其實是一種非常溫暖非常珍貴的愛。由於正是這種愛創造出了生命,所以性真的是很珍貴的,對吧?

好了,如果對性還有什麼好奇或者苦惱的,就來找俱聖愛阿姨好了。
我一定會認真回答的~~
再見~~!

是~~!

國家圖書館出版品預行編目 (CIP) 資料

畫說小學生性教育 / MBC Production, 明日女性中
心企劃；李貞嬌譯. -- 二版. -- 臺北市：遠
流，2014.01
　面；　公分.
譯自：The kids cartoon for sex education
ISBN 978-957-32-7327-1 (平裝)

1. 性教育 2. 漫畫

544.72　　　　　　　　　　102024550